I0839062

Epopeya de la explotación
y otras zarandajas

ángel m. agosto

LA CASA EDITORA
de Puerto Rico

ángel m. agosto, 2018
Los derechos de este libro pertenecen a la clase obrera.

Foto de portada, superior: Segundo Congreso del PSP, 19 de diciembre de 1975.

ISBN: 978-1986538497

Colección Diversa

PO Box 1393, Río Grande, Puerto Rico 00745
lustrodegloria@gmail.com,
www.la-casaeditoradepuertorico.com

HECHO EN PUERTO RICO
Primera edición abril de 2018

ángel m. agosto

Epopeya
de la explotación
y otras zarandajas

ángel m. agosto

Epopeya de la explotación y otras zarandajas

ángel m. agosto

*El capital viene al mundo chorreando sangre y lodo
por todos los poros, desde los pies hasta la cabeza.*
—**El Capital, Marx.**

Epopeya de la explotación y otras zarandajas

Contenido

Epopeya de la explotación y otras zarandajas

Epopeya de la explotación y otras zarandajas

Introducción

El capitalismo es una forma dominante en el mundo de hoy en mucha mayor escala que hace medio siglo, solo para tomar una época de referencia. Es decir, es un modo de vida que nos permea desde que nacemos. Nada supera a ***El Capital***, de Carlos Marx, como guía estratégica para enfrentar este flagelo de la humanidad, tomado en la perspectiva de las luchas de emancipación global.

Para ello hay que entender *el capital* no como cosa inanimada sino como *relación social*. La misma es objetiva en tanto se nos impone como relación forzosa entre los integrantes de la sociedad, como si fuera algo perenne y universal. El capital hoy excede el poder del estado, es el verdadero poder político en la sociedad moderna y extirpa las aspiraciones singularmente humanas de quienes convivimos dentro de su marco al extremo de invalidar las aspiraciones democráticas que todavía podrían quedarle a la burguesía.

En la historia del capitalismo no hubo época alguna en que el capital asumiera tal control como hoy de la vida humana y reprimiera a tal punto las aspiraciones de igualdad y felicidad intrínsecas en la naturaleza del hombre y la mujer de todos los tiempos.

Es tarea cardinal del movimiento revolucionario dar cuenta de ese rumbo de inmolación en que se encamina la humanidad bajo una "irracionalidad hecha sentido común"[1], **y articular objetivos estratégicos a tenor con ello.**

La resistencia, como bien apunta el distinguido sociólogo chileno Rafael Agacino, ha de ser global, como global es esa falsa lógica que es capitalismo. Resistir en ofensiva revolucionaria contra las tendencias fundamentalistas y maniacas que "seducen a una sociedad disminuida por la fragmentación, la ignorancia, la lumpenización y la guerra".[2]

En ese marco, la edificación de valores y estructuras éticas en el esfuerzo revolucionario es consubstancial a la lucha y la labor organizativa que enfatizamos en este libro. La valorización de la cultura, del arte, y el ejercicio del arte como parte de la lucha revolucionaria, sea a través de sus trabajadoras/es o como cuadros artísticos, jugarán un papel de primera línea en la construcción de un nuevo orden real, una esfera realmente humana en el sentido gramsciano.

Se impone el énfasis de las luchas sociales desde la fábrica a áreas exógenas al germen mismo de las contradicciones del capital en su sentido original, debido en gran medida a los cambios en las estructuras de clase de las sociedades bajo el capitalismo. Es corriente entrar a batallas comunales por el medio ambiente, por la seguridad de empleo del sector público, contra la privatización de las fuentes sociales de servicio, contra la privatización del quehacer cultural y empleo, por la igualdad de géneros, y por la educación y salud pública gratuita, entre otros.

---

[1] **Rafael Agacino**: *El Capital de Marx y las luchas actuales en América Latina*, **Rebelión**, España, 10 de marzo de 2018.
[2] **Ídem.**

La contradicción fundamental entre la forma individual de apropiación y la forma social de producción, descubierta por Marx en *El Capital*, ahora cobra dimensiones nuevas y con inconmensurables posibilidades revolucionarias.

La dramatización pública de obras teatrales de corte revolucionario, como *Octopus* y *Epopeya de la explotación*, presentadas en calles, plazas y esquinas de comunidades obreras de diversas partes del país, bajo la dirección magistral y autoría de Anamín Santiago y Edgar Quiles, con el coauspicio de sectores del movimiento obrero, **es muestra palpable de esa inmersión proletaria en la cultura popular, y la reconstrucción misma de ésta**. Es una transformación del arte como mera herramienta para el desarrollo comunitario que traen visiones liberales al arte como pieza *sine qua non* de la erradicación de la pobreza.

Dichas gestiones culturales, cuando vienen acompañadas con esfuerzos organizativos reales en el reclutamiento de cuadros en las mismas comunidades con miras a fortalecer una vanguardia obrera, tienen el efecto de ganar espacios para la revolución. **La experiencia histórica nos enseña que de ello nacen nichos de poder proletario.**

Grupos culturales marxistas, como Poetas en Marcha y Comando Teatral Alfonso Beal, representan en la actualidad este esfuerzo en los escenarios nacionales. Establecen una diferencia política si se les compara con las acciones comunitarias similares de grupos liberales y reformistas. La acción de los grupos culturales marxista es parte de esa lucha amplia de la humanidad contra el capitalismo.

COMANDOS PUERTORRIQUEÑOS REANUDAN ACTIVIDADES

Por aquí pasaron los CAL.

CLARIDAD

Epopeya de la explotación[3]

Un friso escultórico compuesto por una agricultora, un cantante, un obrero industrial y una oficinista congeladxs en sus *gestus* característicos. En silencio y poco a poco, cada integrante del friso camina, marcha, corre o patina *in situ*. En algún momento se trasladan a sus diferentes espacios de trabajo: frente a una computadora (servicio público o trabajo en empresa privada), labrado de la tierra, instalación de línea eléctrica (o lo que se escoja) y un cantante. Parecen figuras vivientes de un friso. Todo en silenciosa pantomima hasta que aparece el Señor del Capital. Este es una pepa de oro de aspecto hombruno y mujeril a la par, que carga sonoras monedas doradas como guirnalda o malla de cascabeles.[4]

Agricultora-Dígame, Señor del Capital, ¿qué tal en su gestión de lapidación?

Desde sus labores cantan *La Internacional* a *soto voce* ensimismadxs en sus tareas.

---

[3] Esta obra de ángel m. agosto se enriquece con la escenificación realizada por el Comando Teatral Alfonso Beal en presentaciones públicas. El contenido no ha sido cambiado en lo absoluto, solo se ha añadido la propuesta escénica que emergió del texto según la relación artística entre éste y el grupo.
[4] Puede ser un títere gigante de varilla.

Agricultora: ¡Oh!, ¿no escucha usted la hermosa canción? "¡Arriba los pobres del mundo…!" ¡Sorprendido con quienes, con sus manos, en el ejercicio de una precoz inteligencia colectiva, el planeta transforman y nueva riqueza forjan!

Ríen a carcajadas, en burla hacia el Señor del Capital, quien tiembla prolongadamente de rabia, a la par que emite sonidos guturales.[5] Cuando Cantante habla, se parten de la risa, caen al suelo, hasta brincan, como cine mudo.

Cantante: ¡Jajaja! ¡Qué usted provee los medios! ¡Que usted es dueño de tierras, edificios y máquinas! ¿Que es su derecho tomar el valor y también el plus valor creado por nosotros? ¡Jajaja! Pero será usted…

Retoman sus oficios, mientras Obrero Industrial habla. Aún en sus lugares de trabajo deben parecer el dintel de un templo griego.

Obrero Industrial: Mire, Señor del Capital, soy obrero industrial, una tuerca en su engranaje y como tal le hablaré de cómo usted se enriqueció. ¿Sabe usted, Señor del Capital, que sus antepasados arruinaron a los campesinos y, ya quebrados por sus frioleros vientos,

Se van desinflando, cayendo al suelo agotadxs por la explotación.

---

[5] De hecho, durante toda la acción, el Señor del Capital, interactúa con sus sonidos guturales.

Obrero Industrial: … todos sin aliento, a sus ancestros capitalistas entregaron sin procesos ni vistas, tierras y azadas, palancas y calles, avalados por leyes y reyes por ustedes controlados, y ¡a patadas en jornaleros terminamos!, obligados a emplearnos en sus campos, bateyes y ruinosas fábricas?

El Señor del Capital celebra primitivo el desplome. Es como si lo fuera orquestando.

Oficinista: Su apropiación originaria, Señor del Capital, es de robo, usurpación y engaño, a punta de espadas y bayonetas, de ejércitos y gobiernos por usted controlados, mediante las masacres de mujeres y hombres del trabajo.

Conforman ahora un friso acostadxs, aplastadxs por un gran peso. Solo suben sus cabezas y con los brazos tratan de soportar el peso. Sobre ellxs pasa el Señor del Capital asperjándoles ácidamente con sus monedas.

Todxs: (Con dificultad.) Nuestra sangre sobre la tierra en lodo rojo devino, sobre el que instalaron las máquinas ¡que solo nosotros operamos!

Agricultora: (El peso dificulta su hablar. Así mismo va incorporándose y el resto con ella sin lograrlo del todo.) Naciones enteras sometidas al coloniaje, al pillaje, al endeudamiento impagable, mientras usted, Señor del Capital, en control de gobiernos y ejércitos, somete a los pueblos y engrosa sus caudales.

**Con Cantante, todos se incorporan en friso diná-
mico. *Ipso facto*, ruptura abrupta. Como película
muda se mofan del Señor del Capital con diferentes muecas, gestos, parodias, etc.**

Cantante: (Voz aguiñolada que irá del agudo a lo
gutural y terrible.) Su confort, su salud, sus gastos y
fornicaciones extremas se construyen sobre el hambre, el analfabetismo y la miseria de nuestros hijos.
Usted, Señor del Capital, es el pasado, es la herrumbre, es la plaga: ¡es la muerte!

**Regresan a sus labores mientras habla Obrero In-
dustrial.**

Obrero Industrial: Nosotros construimos el futuro,
el mundo nuevo, el verdor de las praderas, ¡le salvamos a usted de usted, que todo lo ensucia pues daña
las fuentes de la vida! (Patea al Señor del Capital en
la barriga. Éste pierde equilibrio hacia atrás. Pasa
frente a lxs trabajadores hasta un extremo.)

**Desde sus lugares recuperan el friso, ahora con
pose de Pedro Albizu Campos en templete. Llega-
rán y completarán la pose por eclosión y la voz se
usará de acuerdo con ésta.**

Todxs: ¡Pero le romperemos el coguyo hasta lastimar su orgullo, Señor del Capital!

**Regresan a sus labores mientras Oficinista habla
directo al Señor del Capital, quien tratará de in-
terrumpirla.**

Oficinista: Sin nosotros usted, Señor del Capital, no puede crear riqueza. Solo nosotros, al transformar la naturaleza, forjamos valor nuevo, que excede, ¡usted lo sabe!, lo que necesitamos para vivir. ¡Ese excedente es el que usted se apropia, acumula, y le hace crecer el capital! ¡De ahí vienen "sus" máquinas, "sus" medios de producción! ¡Y a nosotros, mientras caemos en el abismo de mayor miseria, nos hace creer que esa riqueza es suya!

Nuevamente desde sus lugares y por eclosión

Todxs: ¡Pero le romperemos el coguyo hasta lastimar su orgullo, Señor del Capital!

Regresan a sus labores.

Obrero Industrial: Con nuestra plusvalía usted automatiza la fábrica, despide a nuestros hermanos, y aumenta de nuevo el valor excedente. Consciente está usted del daño a la humanidad.

Nuevamente, como película muda, se mofan del Señor del Capital con diferentes muecas, gestos, parodias, etc., según habla Agricultora.

Agricultora: Por eso se protege en su mansión con control de acceso, soborna al gobierno, nos cierra las escuelas y las universidades para sumirnos en la ignorancia, mas sus hijos se van a las metrópolis a prepararse para seguirnos explotando y gobernando.

Todxs cantan *La Internacional* en marcha. Atrapan al Señor del Capital y lo lanzan al centro del escenario. Este está impotente. Se oye su voz ininteligible y tosca.

Agricultora: No, Señor del Capital, escuche con temor fundado, la hermosa canción: "la ley nos burla el estado oprime… no hay deberes, señor! Usted lo sabe."

Usando la pose de Albizu, pero señalando directo al Señor del Capital. Siempre por eclosión.

Todxs: ¡Pero le romperemos el coguyo hasta lastimar su orgullo, Señor del Capital!

Ruptura abrupta.

Cantante: ¡Qué le vamos a hacer,

Todxs: ¡Qué le vamos a hacer! (Se repite varias veces en tono de mofa.)

Cantante: ¡Qué le vamos a hacer, dice usted, Señor del Capital! ¡Es mal simulada su resignación! ¡Sí le vamos a hacer, es la guerra de clases, sí, Señor del Capital! ¡No estamos obligados a usted!

Cada uno inicia su paso distintivo: camina, marcha, corre o patina in situ. Inicia una pantomima al unísono, que ejemplifica los siguientes parlamentos, sin salirse del perímetro del friso, todo muy frontal. Miran hacia el horizonte. El Señor del Capital es un caculo boca arriba, desesperado

en sus movimientos de piernas y brazos, en cámara lenta.

Todxs: ¡Le romperemos el coguyo hasta lastimar su orgullo, Señor del Capital! Levantaremos vallas y barricadas en escuelas, universidades y barrios…

Cantante: Es para el férreo combate de las clases, los oprimidos unidos vamos a la lucha sobre nuevas bases en estrategia por nosotros mismos establecida.

Todxs: ¡No me diga usted, Señor del Capital, que no podemos hacer nada! ¡Que las leyes hemos de obedecer! ¡Nos llama usted a todos perecer! Ja, ja, ja.

Obrero Industrial: No conoce la historia de los pueblos, Señor del Capital, ¿No sabe usted de las revoluciones obreras victoriosas? Los trabajadores del mundo nos unimos, Señor del Capital.

Oficinista: No reconocemos fronteras,

Agricultora: No sabemos de obstáculos,

Cantante: Solo miramos al horizonte siempre lejos, cada vez más cerca.

Obrero Industrial: ¡Avanzamos sin miedos, sin pausas ni desvíos!

Agricultora busca su jacho y lo enciende. Los demás hacen lo propio sin detener el texto. Atmósfera conspirativa e íntima.

Agricultora: El jacho es luz que abre el camino. Siega el rumbo, traza el destino.

Oficinista: ¡Y arma también, probada en la historia!

Todxs: ¡Cuántos cañaverales quemados! ¡Cuántos patronos arrodillados!

Cantante: Sabemos de los sacrificios en nuestra marcha, mas el asalto al cielo es inevitable.

Inicia rito de compromiso. Caminan en círculo.[6]

Obrero Industrial: Nos preparamos, Señor del Capital, mientras sus días son cortos como cortas sus esperanzas.

Agricultora: Construiremos nuestros propios ejércitos, industrias, escuelas y universidades, ¡calles nuevas para el tránsito al futuro!

Oficinista: Nos transformaremos a nosotros mismos.

Obrero Industrial: Un partido único, partido de trabajadores y trabajadoras asumirá nuestra dirección.

---

[6] Si se decidiera que el Señor del Capital es un títere gigante, este es el momento de quemarlo.

Todxs: Emergeremos como nuevas mujeres y hombres de una sociedad nueva sin explotados ni explotadores. Le romperemos el coguyo hasta lastimar su orgullo, Señor del Capital.

Imagen final del Señor del Capital totalmente aniquilado.

Fotos de la acción ejecutada en Teatro Campo, diciembre
2017, Vega Baja.

ángel m. agosto

Se cae la cortina
Hay que organizar la vanguardia[7]

Carmelo Pérez Vega, declamador, maestro y actor, estuvo nueve horas agarrado de la antena en el techo de su casa mientras las corrientes de La Plata, que casi lo arrastran, anegaban su comunidad en Comerío. En otra parte del pueblo, su hermano, el poeta de la revolución socialista, William Pérez Vega, se cuestionaba, mientras especulaba que necesitaría un bote para poder cruzar la calle, cómo un pueblo de la montaña llegaba a inundarse de aquella manera. Buscaba echarle una mano a su otro hermano, Ángel Luis, pintor reconocido cuya obra casi completa se perdió al inundarse su casa también en Comerío.

Atacado el 20 de septiembre de 2017 por un huracán descomunal llamado María, trascurridos ocho días de otro con el nombre de Irma, que había dejado el país sin los servicios básicos de agua, luz y comunicaciones y el cierre de calles y avenidas, Puerto Rico sufrió de aguaceros interminables llegados a la cola de los demoledores vientos. En el Caribe de las generaciones recientes siempre supimos que el daño mayor de las temporadas de tormentas (junio a octubre), por más poderosas que fueran las perturbaciones, no es por el efecto directo de los vientos. Es su secuela durante los días postreros. Esto tiene que ver con la dependencia extrema de unas infraestructuras de alta tecnología en comunicaciones, transportación y

---

[7] Publicado originalmente en **Rebelión**, España, el 30 de octubre de 2017.

energía diseñadas por quienes jamás conocieron la ferocidad de la naturaleza caribeña, y quizás responsables primarios de un calentamiento global que es causa última de que los fenómenos atmosféricos sean hoy en todas partes del planeta los más terribles de la historia.

Irma y María tumbaron los últimos hilachos de una cortina por décadas desplegada al interior del cristal de la "vitrina de la democracia". Esta "nueva" realidad puesta ahora al descubierto, dejó ver al mundo y a muchos ilusos e ilusas entre nosotros mismos, la miseria del Puerto Rico de siempre. La Isla en tinieblas, calurosa en extremo y sin agua potable, mostró cuán impotentes son las frías estadísticas que reflejan niveles de pobreza extrema para cerca de la mitad de la población, mientras el equivalente de la otra mitad se ha exiliado en los Estados Unidos por iguales razones económicas, diagnóstico que ha sido la constante a lo largo de más de un siglo. La cortina estaba rasgada desde antes y dejaba entrever las realidades económicas del país, mientras el imperio sustituyó al gobierno electo por una cuadrilla de ladrones llamada Junta de Control Fiscal (al amparo de una ley del Congreso yanqui y a cuyos miembros los nombró el presidente de ese país extranjero) para tratar de cobrar una deuda multimillonaria contraída por los y las colonialistas. Mas los vientos echaron abajo los jirones que le quedaban a la cortina.

Tras los ataques de la naturaleza, las diferencias de clase se hicieron más luminosas en el pálpito de la oscuridad. El sonido ensordecedor y gases tóxicos que los generadores eléctricos emiten para tortura de una mayoría sin ese privilegio, quienes, además, han de soportar el calor postrero que dejó un fenómeno que arrancó de raíz miles de oxigenantes árboles, dan cuenta de que no todos "fuimos creados iguales", para mentís de ciertas letras muertas institucionales.

Por demasiado tiempo nuestro suelo isleño estuvo apagado, sin agua potable en los hogares, pues en cada vez más residencias si no hay luz no hay agua, escaseando todo, desde el agua de consumo y la comida hasta el combustible para mover el auto, mientras llegaba ayuda del exterior que los hampones dentro y fuera del gobierno se robaban para venderlas a sobre precio, con las fuerzas armadas de los Estados Unidos patrullando las calles con órdenes de matar a quienes violaran los toques de queda decretados por el gobernador colonial.

Un rubio presidente extranjero, desconocedor de nuestro idioma e idiosincrasia, vino a llenar un expediente de misericordia y terminó mofándose de nosotras y nosotros. Algunas personas exigimos al rubio lo que nos debe, lo acumulado solo durante el último medio siglo de saqueo económico, es decir, unos **500 billones de dólares**, partida de la que podrían cobrar la supuesta deuda de unos 72 mil millones (contraída y malversada por los colonialistas inescrupulosos que gobernaron durante el último siglo en representación de los intereses del gobierno de los Estados Unidos); **con los $428 mil millones restantes reconstruiremos a Puerto Rico sin necesidad de ningún tipo de dádiva extranjera, que no sea proveniente del continente al que pertenecemos, América Latina, "ayudas" a las que sí tenemos derechos históricos.**

Mientras tanto, con un reinado neoconservador con promesas incumplidas, las convocatorias de las izquierdas se limitan a cada vez menores audiencias, salvo en el caso de las luchas comunales y ambientales que tienen lugar en distintos lugares y épocas, como por ejemplo Peñuelas, Guayama, San Juan, Humacao y Aguadilla, en las que se producen continuos enfrentamientos con la Policía y el sistema judicial, como medio siglo antes lo fueron las luchas contra la explotación minera y el Servicio Militar Obligatorio, y más recientemente contra la marina de guerra de Estados Unidos en Vieques.

La inserción de enclaves económicos extranjeros durante el siglo anterior mantuvo la sociedad boricua en el vaivén de resortes ajenos, movida por intereses foráneos, lo que desarticuló también los ámbitos culturales y políticos auténticamente puertorriqueños. Durante los años de la postguerra y la llamada guerra fría las izquierdas siguieron la política del *browderismo* de buscar alianzas con la burguesía, evitando así los enfrentamientos clasistas. Los movimientos populistas poli clasistas asumieron lenguajes proletarios, sembrando la confusión en el movimiento obrero. Ello constituye el germen del colonialismo de cuño social desplegado por Muñoz Marín y sus encubiertos seguidores pos modernos de principios del siglo XXI, ex socialistas del PSP boricua. Mientras aquel abrió fuego inmisericorde contra el nacionalismo albizuista, una avanzada vanguardista y revolucionaria que quedó grabada en el subconsciente colectivo, hoy algunos "revolucionarios" de barra y baraja, julinistas para más señas, pretenden asumir el liderazgo de los complejos procesos sociales. Gramsci igual lo advirtió desde prisión: el demagogo busca "servirse de las masas populares, de sus pasiones sabiamente excitadas y nutridas, para los propios fines particulares" (*Cuaderno desde la cárcel*).

Lo ocurrido no es solo un salto a la miseria (sobre todo la material, pero también la espiritual o moral), lo que durante todo el siglo pasado fue una realidad en Puerto Rico. Es también un desvelo de lo oculto, la realidad de desigualdades sociales abismales, nítidamente expuestas al mundo por los vientos de Irma y María; el trastoque de valores y distorsión de prioridades a lo largo de decenios; el robo diario de recursos destinados a infraestructuras, que descubrimos hoy que estaban pegadas con saliva. Por décadas organizaciones como la UTIER denunciaron el abandono de los sistemas eléctricos y de acueductos, cuyos mantenimientos eran privatizados con el propósito de debilitar los sindicatos, mientras las privatizadoras y los funcionarios públicos corruptos se robaban los fondos públicos en menoscabo de la calidad de las construcciones de infraestructura. Un alcalde muy pintoresco del este de Puerto Rico explicaba cuán listo era él para evitar que lo pillaran. "Si el asfalto que vas a tirar es de tres pulgadas, tíralo de dos —le decía el alcalde al contratista—. La diferencia la abonas a mi cuenta."

Está en la orden del día:

1.   Miles de compatriotas se sumaron al desempleo y subempleo, que por medio siglo se ha acercado a casi un millón de personas, al ser destruidos sus lugares de trabajo. **Congélese sus deudas y**

constrúyanse nuevas fuentes de empleo basadas en una economía que parta de nuestras materias primas actuales y potenciales.

2. Decenas de miles de familias trabajadoras se quedaron sin viviendas y sin terrenos mientras los bancos han reposeído unas veinte mil, actualmente desocupadas. **Rescatémosla**.

3. Unas mafias cobijadas por el gobierno se apoderan de las compras de las y los humildes. **Denunciémoslos y arrinconémoslos con la fuerza de las masas.**

4. Palo Seco y otras plantas generatrices están siendo manipuladas por intereses que quieren privatizar la Autoridad de Energía Eléctrica. **Actuemos en apoyo a los sindicatos que enfrentan al gobierno en este aspecto.**

5. América Latina, en particular Cuba y Venezuela, ofrecieron cuantiosas y esenciales ayudas que fueron rechazadas por el gobierno de los EEUU. **Reclamemos lo que nos pertenece porque somos parte de este continente indomable.**

Hay que organizar. Este es el momento de una convocatoria a las decenas de miles de mujeres y hombres y sus descendientes que durante el último medio siglo vieron crecer su conciencia social y nacional al confrontarse, por su posición objetiva en la sociedad de explotación, con las crudas realidades hoy absolutamente matizadas. Esa convocatoria a **construir una vanguardia** es la orden del día, una convocatoria clasista desde el punto de vista de los intereses de la clase obrera, la única clase social cuyos intereses particulares se corresponden con los intereses generales del resto de las clases y sectores oprimidos. Los y las miles de valientes del día a día, cuyos compromisos de lucha social jamás los quiebran unos vientos de huracán, como los hermanos Pérez Vega, quedarán por siempre reconocidos y reconocidas en una sociedad libre y socialista.

Epopeya de la explotación y otras zarandajas

El movimiento obrero tiene que apalancar el cambio social, desde las fases economicistas hasta los niveles revolucionarios[8]

1.1 Wilkins Román Samot (WRS, en adelante) – Eres un escritor que a su vez ha sido periodista, editor, cooperativista, político y activista sindical. Eres parte de una generación que se tomó en serio la tarea de pasar del Movimiento Pro-Independencia (MPI, 1959-1971) a un partido socialista (PSP, 1971-1977) de vocación marxista y gestor-organizador de la clase obrera de su país. Parte de tu trabajo creativo-investigativo hoy parte de esa experiencia de vida. Uno de tus múltiples trabajos recientemente publicados es "Lustro de gloria: No hubo en la historia fuerza mayor para la revolución en Puerto Rico" (2015). ¿De qué gloria trató ese lustro, o de qué glorias tratas en "Lustro de gloria"?

1.2 Ángel M. Agosto (AMA, en adelante) – *Lustro de gloria*, cuya primera edición se publicó en septiembre de 2009, es una memoria política de la gestación (1971-1976) del primer partido marxista leninista de masas, aspirante en serio a constituirse en vanguardia de la clase obrera. Postulaba una estrategia revolucionaria para la toma del poder en Puerto

---

[8] Entrevista realizada al autor por Wilkins Román Samot, publicada por **Rebelión**, España, el 1 de agosto de 2017.

Rico. Fue un tiempo glorioso para el proletariado en lucha ("la más intensa lucha de clases de nuestra historia", según la investigación de A.G. Quintero Rivera y Gervasio García), que arrancó con una gran huelga de uno/as mil obrero/as de la General Electric en Río Grande (1969-70). Esta huelga, que recibió innumerables editoriales condenatorios por parte de la prensa de derecha de la época, fue ganada por nuestras obreras y por nuestros obreros, por primera vez en esa empresa en todos los Estados Unidos. Obtuvo el apoyo del movimiento estudiantil revolucionario, el MPI y los CAL, cuyas acciones armadas rompieron el espinazo de la estrategia anti obrera patronal. Debo subrayar que las mujeres cumplieron un rol destacadísimo durante la huelga, fue notable su combatividad frente a la "fuerza de choque" de la policía, organismo táctico que se inauguraba en esos mismos días. Ello abrió una época de luchas obreras en los centros industriales y las comunidades trabajadoras, que vieron cómo sus propios esfuerzos se traducían en victorias de corto plazo. Ello se convertía en estímulo para la generalización de las luchas sociales, impactando todas las capas sociales atropelladas en Puerto Rico por el capitalismo y el colonialismo. También abrió al tradicional movimiento independentista radical un nuevo escenario organizativo, una especie de refundación socialista del MPI.

2.1 WRS – ¿Cómo surgió la oportunidad de trabajarle? ¿Qué relación tiene "Lustro de gloria" con tu trabajo creativo-investigativo y tu activismo entonces y hoy?

2.2 AMA – Además de mostrar en detalle esa experiencia histórica, *Lustro de gloria* es también un análisis crítico muy vigente hoy. Se revela por primera vez la relación orgánica entre la lucha de masas revolucionaria que dirigía primero el MPI, y luego el PSP, con el trabajo armado y clandestino de lo que en los inicios se llamó CAL, y luego fue conformándose en lo que se proyectaba como un "ejército popular", partiendo de la visión marxista de que **a las armas la dirige la política, y la lucha armada es solo parte de la lucha de masas.** No puede ser exitosa la lucha armada si no está en función de aquella. Déjame aclararte esto, pues es muy importante. En aquellos años la dirección política del MPI-PSP negaba explícitamente, por razones de seguridad, la relación directa entre el MPI-PSP y los CAL. En 2009, al publicarse *Lustro...*, se da a conocer por primera vez que las mencionadas organizaciones políticas dirigían de día a día la organización armada.

Las luchas obreras, desde sus gérmenes más primitivos en Puerto Rico a fines del siglo 19, siempre necesitaron de la acción armada y la violencia reivindicativa para salir adelante con éxito. Por eso *el jacho* fue símbolo del primer partido socialista de la primera mitad del siglo veinte. *El jacho*, como muestro en mi último libro de ensayos *Teoría y revolución*, no solo se usó para alumbrar el camino, **también se usó como arma para asegurar el triunfo de las**

luchas proletarias mediante la quema de los cañaverales. El vínculo entre mi memoria *Lustro…* y esta antología de ensayos es mi postura de que la debilidad del movimiento obrero en la actualidad tiene que ver con la falta de instrumentos de lucha que artillen la fuerza de los trabajadores y trabajadoras, ya que hay que forzar a nuestros enemigos de clase a ceder a las demandas de los trabajadores, no aflojan sus privilegios si mostramos debilidad. Es una literatura que interpela al combate. **El movimiento obrero tiene que apalancar el cambio social, desde las fases economicitas hasta los niveles revolucionarios.**

Mi trabajo literario de ficción no se aparta de esta visión política. Mis libros de cuento *El hombre del tiempo*, *Horror blanco*, *Rutina rota*, así como la novela *Voces de bronce*, se mantienen en esa visión del mundo. La novela es, en palabras de la Dra. Anamín Santiago, **un plan de trabajo para la revolución socialista**. Ella señala que en la narrativa de ficción llego a un acuerdo entre literatura y mis investigaciones históricas para formular mi propia propuesta para una nueva narrativa histórica, en la que no dudo de la historia, aunque rechazo la historia oficial. Es un cuestionamiento, dicho sea de paso, siempre presente en el análisis marxista. Como usted sabe, la llamada nueva novela histórica latinoamericana duda de la historia toda, ese no es mi caso.

3.1 WRS – Si comparas tu crecimiento y madurez como persona, escritor, periodista y activista entre la época que te inicias en el MPI-PSP con tu época actual de escritor, editor y cooperativista en Puerto Rico, ¿qué diferencias observas en tu trabajo creativo?

3.2 AMA – Comencé muy joven en las luchas estudiantiles universitarias de mediados de los sesenta, durante los años en que nuestro movimiento revolucionario retomaba las luchas después de muchos años de silencio, tras el periodo macartista y la represión nacionalista de los cincuenta.

Los fines de los sesenta fueron años de organización, análisis y búsqueda de alternativas. Primaba la lucha nacional defensiva, pero se abrían trincheras en el movimiento obrero que marcarían cambios de envergadura histórica. Fuimos pioneras y pioneros en el desarrollo de instrumentos tales como la Federación Estudiantil Pro Independencia (FEPI), cantera de cuadros de la lucha social en el nivel de las escuelas secundarias. También contribuimos al fortalecimiento y radicalización de la Federación Universitaria Pro Independencia (la FUPI), cuya existencia es aún anterior al MPI. Su accionar detonó las luchas sociales en los centros universitarios, fortaleció los niveles organizativos de los estudiantes, obtuvo importantes victorias contra el militarismo como lo fue la salida del ROTC del recinto de Rio Piedras de la UPR y la derrota del Servicio Militar Obligatorio, y contribuyó a la formación de quienes habrían de dirigir, en buena medida, las luchas de los setenta. Vimos nacer, por primera vez en la historia, un periódico diario de los trabajadores y trabajadoras (*Cla-*

ridad, 1973-76), junto al impacto cultural de primer orden que fue la nueva trova o música de protesta y teatro de guerrillas, cuya presencia en todas las esferas de difusión cultural contribuyó a elevar los niveles de conciencia nacional y social del país. El enlace entre aquel pasado glorioso y la actualidad lo vemos en luchadoras como Flora Santiago, poeta y trovadora, que con su música y poesía combativa continúa agitando a las masas de desposeídos, indicativo de la continuidad de aquellas luchas.

Por eso mis primeros trabajos fueron informes y ponencias a diversos organismos políticos, siempre con un guiño a la literatura. Por ejemplo, como estuve a cargo de instrumentalizar la solidaridad a los obreros y obreras en huelga de la General Electric en 1969 por parte del movimiento estudiantil y el movimiento obrero, el compañero César Andreu Iglesias, para aquel entonces Secretario de Asuntos Sindicales del MPI, me solicitó un informe de esa huelga. Observen la narrativa con la que arranca dicho informe, leído ante cientos de militantes políticos en un seminario nacional de dirigentes del MPI:

En la madrugada del 1ro de febrero, dos bombas de alto poder explosivo estremecieron el poblado de Palmer. Las detonaciones se escucharon con claridad en los pueblos de Río Grande y Luquillo, a varias millas del lugar. Sucesivamente continuaron escuchándose estruendos que literalmente estremecían edificios. La fábrica quedó paralizada. Alrededor de dos decenas de rompe huelgas del turno de la noche salieron aterrorizados de la planta. Miles de vecinos del poblado

se tiraron a las calles, sorprendidos por el espantoso estallido.

Como ves, aun en mis informes políticos ceñidos a la verdad escueta, hay un estilo literario.

¿Cómo crecí intelectualmente? Es tu pregunta, si la interpreto bien. Creo que crecí en la confrontación con las realidades de la lucha social. Al comienzo actuaba, decidía y escribía por intuición. Luego, con la experiencia de la vida, las lecturas y estudios me aproximé a la madurez que, como las utopías y el horizonte, nunca se alcanza a cabalidad.

4.1 WRS – Combinas tu ideología con tus palabras. Trabajas la novela, el ensayo, el cuento, la ponencia, la memoria en el tiempo, tiempo. Don Ángel, ¿cómo visualizas tu trabajo creativo-investigativo con el de tu núcleo generacional de escritores y activistas con los que comparte o ha compartido en Puerto Rico? ¿Cómo has integrado tu escritura a tu vida diaria de cooperativista y activismo sindical o tu activismo sindical y cooperativista a tu escritura?

4.2 AMA – Empecemos porque no me ubico en el concepto orteguista de generación. En todo caso, pertenezco a una **promoción** de autores y autoras, cuya escritura es parte del cotidiano en su vida. Desde muy joven, como militante socialista aun en los tiempos de estudiante universitario, combiné la militancia con el trabajo literario, como te dije arriba. Recuerdo otras prácticas de escritura en boga durante mi juventud. En mi primer año universitario publiqué por episodios en una revista que dirigía mi amigo Alberto Álvarez Febles, un ensayo extenso sobre Eugenio María de Hostos, centrado en un estudio mío de *La moral social*. Ello abrió un debate sobre ese insigne filósofo puertorriqueño, ya hoy reconocido como uno de los principales intelectuales de América. También, durante los años en que me desempeñé como Secretario de Asuntos Sindicales del PSP escribía una columna regular, **Desde el taller**, en *Claridad*. Hoy esta columna ocupa cientos de páginas en el apéndice de *Lustro de gloria*.

El cuento "No fue un accidente", si bien publicado por primera vez en 2004, fue esbozado en 1969. Trata de un ataque nuclear por parte de la Marina de Guerra estadounidense que tiene como consecuencia la desaparición de la isla de Vieques, y que el gobierno de los Estados Unidos encubrió por décadas, hasta que una mujer genio boricua, negra y revolucionaria, desenmascaró la patraña.

De hecho, podría decir que mi literatura no sería posible sin mi inmersión en las luchas sociales. Esta es el alimento de mis trabajos, sean de ficción, sociológicos, filosóficos o históricos. Pienso que la literatura no puede trabajarse a espaldas de la realidad, en particular partiendo de la formación histórico social concreta del país. La universalidad de *Cien años de soledad*, para tomar un ejemplo reconocido, no hubiera sido posible si el autor, Gabriel García Márquez, no hubiera dibujado el Macondo primitivo con el modelo de su natal Aracataca y, a la mitad de la obra, el Macondo desarrollado semejante a la costera Baranquilla colombiana. Sigo inmerso en las luchas sindicales y políticas del movimiento obrero y **el día que no lo haga muere mi literatura**, eso te lo puedo asegurar.

La literatura como arte está insertada en la historia del movimiento obrero en Puerto Rico, desde sus mismos inicios a fines del siglo 19. En los centros de trabajo se presentaban obras escritas por obreras y obreros que no solo fueron parte del entretenimiento de los trabajadores, sino que también cumplieron funciones didácticas. Investigadores como Roberto Ramos Perea y A.G. Quintero Rivera así lo demuestran en sus libros. Bernardo Vega en su *Memoria de Bernardo Vega,* magistralmente editada por César Andreu Iglesias, nos relata cómo se llevaba a cabo la práctica de lecturas de obras de ficción y tratados marxistas mientras sus compañeros obreros rendían la labor productiva en los centros industriales.

5.1 WRS – ¿Cómo concibes la recepción a tu trabajo creativo-investigativo dentro de Puerto Rico y fuera, y la de tus pares?

5.2 AMA – A pesar de las buenas ventas, todavía en Puerto Rico las escritoras y los escritores no podemos vivir de lo que escribimos.

6.1 WRS – Sé que vos es de Canóvanas, Puerto Rico. ¿Te consideras un escritor puertorriqueño o no? O, más bien, un escritor, sea este puertorriqueño o no. ¿Por qué?

6.2 AMA – Soy natural del barrio Hato Puerco de Canóvanas. En ese pueblito del este costero he vivido la mayor parte de mi vida. Hoy resido en el contiguo Río Grande. Nunca he vivido fuera de la isla, aunque he estado en el exterior (Cuba, Estados Unidos, Venezuela y España, y en algunos otros países de forma clandestina, algún día habrá que informarlo) por razones de responsabilidad política. Mi literatura, y todo lo que escribo, parten de las realidades concretas de mi país. **Nada es universal sin raíces. Soy autor puertorriqueño.**

7.1 WRS – ¿Cómo integras tu identidad étnica y tu ideología política con o en tu trabajo creativo-investigativo y tu formación política, sindical y cooperativista?

7.2 AMA – ¿Identidad étnica? Es un tanto extraña la pregunta para quienes nos sabemos antropológicamente descendientes de negros, taínos y españoles, en los que priman los primeros sobre los otros dos. Aunque claro, la cultura española asumió durante siglos la hegemonía.

8.1 WRS – ¿Cómo se integra tu trabajo creativo a tu experiencia de vida como militante antes y despúes de tu paso por el MPI y el PSP? ¿Cómo integras esas experiencias de vida en tu propio quehacer de escritor, editor y activista hoy?

8.2 AMA – Como señalé antes, estas experiencias políticas constituyen la esencia de mi trabajo literario, de ellas recibió su primer impulso y mi militancia sindical y política es lo que hace posible mi labor creativa. En la actualidad, parte de mi trabajo poético se divulga de forma directa a través de la convocatoria abierta de izquierda que opera con el nombre de **Poetas en Marcha**, en el que participo junto al poeta de la revolución socialista William Pérez Vega, y poetas del calibre de Flora Santiago, Francheska Lebrón, Luis Enrique Romero y líderes sindicales como Eva Ayala y la actriz Anamín Santiago.

Hay dos formas más sutiles: cuando doy talleres para despertar la escritura y talleres para publicarlas. Algunos de mis cuentos han sido dramatizados por actrices y actores profesionales y divulgados magistralmente a través de las emisoras del pueblo de Puerto Rico, WIPR-RADIO, todo lo cual constituye un tipo de propaganda.

9.1 WRS – ¿Qué diferencia observas, al transcurrir del tiempo, con la recepción del público a tu trabajo creativo-investigativo y a la temática ideológica del mismo? ¿Cómo ha variado?

9.2 AMA – Con el paso del tiempo ha crecido la aceptación y reconocimiento de mi trabajo, aunque no soy activo en la participación de certámenes y presentaciones de libros. Terceros se tomaron la iniciativa de hacer presentaciones, y solo dos de mis diez libros publicados han sido formalmente presentados. Como soy parte de dos colectivos literarios, Poetas en Marcha y Cómplices en la Palabra, he participado en las presentaciones de los libros de estos grupos, antologías en las que también aparecen trabajos míos. También soy parte de la editorial La Casa Editora de Puerto Rico, con cerca de medio centenar de títulos en circulación, y algunos autores a veces me invitan a sus presentaciones.

10.1 WRS - ¿Qué otros proyectos creativo-investigativos tienes pendientes?

10.2 AMA – Hay varios proyectos en curso. Los que más me emocionan son los siguientes: una investigación sobre el MPI, similar en contenido y gráficos a *Lustro de gloria*, y una novela sobre la esclavitud negra.

Pensamiento Crítico
otro hito de los setenta

El 5 de agosto de 1977 se había tomado la decisión por parte de la facción que controlaba el Comité Central del Partido Socialista Puertorriqueño (PSP) de expulsarme de la colectividad. Fue una decisión desesperada, tomada por un grupo minoritario y moralmente derrotado, incidentalmente en control de las estructuras partidarias. Su propósito fue cancelar el análisis interno donde progresaban las ideas marxistas-leninistas, fundadoras del PSP, que constituían el punto de vista de este autor. Con esa decisión cortaban por la yugular aquel aun incipiente proyecto político de la clase obrera. A fines del mismo mes de agosto se reunía el grupo que terminaría fundando la revista *Pensamiento Crítico*. La primera edición circuló en febrero de 1978 y con esta edición número 100[9], treinta y dos años después, la convierte en la revista de izquierda de más larga duración en la historia de Puerto Rico.

Meses antes, durante el debate interno, había circulado en el seno del PSP un folleto mimeografiado de unas veinte páginas titulado **Construir el partido**. Era un resumen de mis posiciones ideológicas durante aquel conflicto, debate cuya fase intensa duró más de un año. En la parte inferior de la portada del folleto, publicado en julio de 1977, decía:

---

[9] La mencionada edición habría de publicarse en 2010 pero por razones desconocidas por este autor no se publicó.

"Publicaciones Pensamiento Crítico". Fue ésa la primera mención del nombre de la revista.

El grupo fundador lo integraron Radamés Acosta, Pedro Varela, José Carreras, Bernardo López Acevedo, Margarita Mergal, Federico lora, Luis Carrión, Miguel Cabrera, Jorge Farinacci, Mickey Barnes, Un estimado compañero experto en asuntos internacionales que prefirió no ser identificado y Ángel M. Agosto, primer director y editor. Trabajando ya para la primera edición en enero de 1978 se nos unieron varios excelentes compañeros: Norma Torres, en tipografía; Enrique Estrada, en arte y diseño; Ángel Emilio Rodríguez, en circulación; Benjamín Vázquez, José C. González y José Rivera, en imprenta, y Antonio Fontán, en fotografía.

Desde el primer número se incluyó en el colofón la frase *"**Pensamiento Crítico, una revista distinta de la izquierda puertorriqueña"**. Se definía así:

> **La posición de la revista se fija en el editorial y en los artículos firmados PC. *Pensamiento Crítico* es tribuna abierta al pensamiento independentista y socialista y acepta, en consecuencia, colaboraciones que no necesariamente coincidan con la posición de la revista.**

Existían entonces otros órganos independentistas, entre los cuales se encontraban el semanario *Claridad*. *Pensamiento Crítico* no pretendía sustituirlos ni entrar en competencia. El énfasis de la revista no era el aspecto informativo, sino formativo y el análisis y debate franco y honesto al interior de la izquierda.

El financiamiento, como el de cualquier publicación de izquierda, era uno de los grandes problemas. Más aun, por cuanto poníamos sumo énfasis en una presentación gráfica nunca vista en una publicación de ese tipo en Puerto Rico, el costo resultaba sumamente elevado. Antes de la publicación de la primera edición en febrero de 1978 calculamos un presupuesto para el primera año ascendente a unos cincuenta mil dólares. Enfrentamos este problema con un plan de tres puntos: venta masiva de subscripciones, donativos directos de individuos y organizaciones y venta por consignación en librerías y otros puestos de venta. Todo el equipo de trabajo de la revista y muchos otros colaboradores habrían de ponerse en acción en aras de este propósito cardinal.

Paralelamente, también desarrollamos una imprenta y centro de fotocopias que llamamos Talleres Alborada. Ésta se estableció en el sector Santa Rita, muy cercana al Recinto de Río Piedras de la Universidad de Puerto Rico, por lo que tuvo gran éxito como fuente adicional de ingresos de la revista, hasta que fue allanada y destruida por el FBI norteamericano en 1982.

Fue sorprendente asegurar más de un centenar de subscriptores aun antes de que éstos vieran la revista por primera vez. Recuerdo una ocasión en que Margarita Mergal llegó exhausta después de todo un día de búsqueda de fondos y entregó todo lo recogido. Uno de los cheques, que ella creía que era de **$8.50**, resultó que no lo había mirado bien: **era de ochocientos cincuenta dólares**.

Pero el financiamiento principal terminó en manos de una organización armada que meses más tarde vendría a conocerse como Ejército Popular Boricua, Macheteros. Fue para esa época que conocí a Filiberto Ojeda Ríos, quien apoyó la revista con el mismo entusiasmo desbordante que siempre puso en todos sus proyectos. Sostuve largas conversaciones con él y su grupo dirigente, con quienes tuve muchas coincidencias y también diferencias. La principal de éstas últimas tenía que ver con el papel dirigente que yo atribuía al partido proletario en el proceso revolucionario en una colonia industrial como la nuestra. Incluso critiqué **el machete** como símbolo, como también hubiera criticado el uso de la hoz, uno de los dos componentes simbólicos del comunismo internacional: ya Puerto Rico había perdido, como clase social, al campesinado. Mi punto de vista era que la nuestra sería una revolución industrial urbana, para lo cual se requeriría mucha creatividad en los aspectos organizativos y operacionales.

Y ésa, entendía yo, era la función inicial de *Pensamiento Crítico*: **promover el debate en la izquierda, desde una perspectiva marxista, que condujera a la construcción de un partido revolucionario de la clase obrera.**

Con Filiberto y los demás compañeros me encontré con la misma retórica ritualista que había dejado atrás en el PSP, con una abismal diferencia. Siempre privó en la dirección del grupo que terminaría llamándose "Macheteros" un lenguaje respetuoso y práctica respetuosa y honesta que me permitió exponer, en un ambiente de absoluta libertad, mis posiciones discrepantes de su línea política.

Nuestra historia política, desde Lares, ha estado marcada por continuas improvisaciones, lo que nos ha llevado a fracasos que luego tratamos de justificar con argumentos fantasiosos. Mil hombres y mujeres sobre las armas proclamando la república en 1868 son palabras mayores. Si decimos que los organizadores fallaron precisamente por eso, en la organización, en la cronometría de los pasos específicos, cometemos un gran sacrilegio a la vista de muchos. Albizu tuvo el mérito de rescatar la fecha del 23 de septiembre en los años treinta, pero hemos fallado en evaluar críticamente el mismo.

Ha faltado, y sigue faltando hoy, **un plan estratégico**. No nos compliquemos la vida con este término. **Estrategia** es, sencillamente, **cómo lo vamos a hacer**. Los de Lares, por más que idealicemos, no tenían una estrategia y, si la tenían como afirman algunos historiadores, no hicieron el trabajo organizativo.

Algo parecido ocurrió con el nacionalismo, aunque claramente tenían una estrategia: crearle una crisis al régimen, estrategia que fue copiada por el Movimiento Pro Independencia (MPI) durante los años sesenta, aunque éste sí hizo trabajo organizativo. Y trató de ganarse a las masas. A partir de fines de aquella década descubrió a la clase obrera y el marxismo y pudo construir el destacamento revolucionario mejor organizado que jamás existió en nuestra historia.

El partido Independentista puertorriqueño (PIP), la organización emancipadora de estructura nacional de más larga vida, sí ha demostrado tener una estrategia coherente: ganar las elecciones y negociar la independencia en Estados Unidos. El problema ha sido que esta estrategia no podría tener la más mínima posibilidad de éxito sin un respaldo electoral masivo, y parece que, elección tras elección, esto es cada vez más difícil.

Los desvelos actuales del independentismo flojo y ambivalente, el soberanismo, lo convierten en el nuevo escudo contra la crítica revolucionaria. No es que el esfuerzo soberanista esté mal. Posiblemente sea un paso firme para aquellos que, viniendo de la derecha y centro del Partido Popular, puedan ser reclutados por su sector de izquierda para reestructurar las relaciones de poder en Puerto Rico. Lo equivocado es que el independentismo se inmovilice en aras de este esfuerzo en la constante búsqueda de otro más de los 'asideros de ficción"[10].

Y es ahí, precisamente, donde radica el centro de la crisis y estancamiento del movimiento revolucionario en Puerto Rico. Muchos de sus dirigentes solo buscan, con desesperación en algunos casos lastimosos, el afán de protagonismo. Por eso les viene tan al dedillo el soberanismo que nace desde el centro mismo del colonialismo estadolibrista del PPD. El discurso lírico dieguista, tan hueco y carente de contenido social como el mismísimo abogado corporacionista del cual surge el cuño, es retórica que no huele bien a las masas del pueblo.

Nada sustituye la lucha de masas en las huelgas, los piquetes, las manifestaciones populares en defensa del ambiente y los derechos democráticos. He ahí la verdadera escuela de cuadros. Ello es válido siempre que tenga continuidad en el esfuerzo organi-

---

[10] La frase proviene de un artículo de Ana Lydia Vega publicado en *El Nuevo Día* el 1 de agosto de 2010.

zativo en la fábrica, en la comunidad, en la escuela, en la universidad.

Epopeya de la explotación y otras zarandajas

ángel m. agosto

Epopeya de la explotación

(versión original)

Dígame

señor del capital

¿qué tal en su gestión de lapidación?

¡Oh!

¿no escucha usted la hermosa canción?

"¡Arriba los pobres del mundo…!"

¡Sorprendido con quienes

con sus manos

en el ejercicio de una precoz inteligencia colectiva

el planeta transforman

y

nueva riqueza forjan!

¡Jajaja!

¡Que usted provee los medios!

¡Que usted

es dueño de tierras, edificios y máquinas!

¡Que es su derecho
tomar el valor
y también el plus valor
creado por nosotros!
¡Jajaja!
Pero será usted…

Mire
señor del capital
soy obrero industrial
una tuerca en su engranaje
y
como tal
le hablaré de cómo
usted se enriqueció.

¿Sabe usted
señor del capital
que sus antepasados
arruinaron a los campesinos
y

ángel m. agosto

ya quebrados por sus frioleros vientos

¡todos sin aliento!

a sus ancestros capitalistas

entregaron sin vistas

tierras y azadas

palancas y calles

avalados

por leyes y reyes

por ustedes controlados

¡y a patadas en jornaleros terminamos!

obligados a emplearnos

en sus campos

bateyes

y

ruinosas fábricas?

Su apropiación originaria

señor del capital

es de robo

usurpación y engaño

a punta de espadas y bayonetas

de ejércitos y gobiernos por usted controlados

mediante las masacres

de mujeres y hombres del trabajo.

Nuestra sangre sobre la tierra

en lodo rojo devino

sobre el que instalaron las máquinas

¡que solo nosotros operamos!

Naciones enteras sometidas

al coloniaje

al pillaje

al endeudamiento impagable

mientras usted

señor del capital

en control de gobiernos y ejércitos

somete a los pueblos

y engrosa sus caudales.

Su confort

su salud

sus gastos

y fornicaciones extremas

ángel m. agosto

se construyen

sobre el hambre

el analfabetismo

y la miseria

de nuestros hijos.

Usted

señor del capital

es el pasado

es la herrumbre

es la plaga

¡es la muerte!

Nosotros construimos el futuro

el mundo nuevo

el verdor de las praderas

¡le salvamos a usted de usted

que todo lo ensucia

pues daña las fuentes de la vida!

¡Pero le romperemos el coguyo

hasta lastimar su orgullo

señor del capital!

Sin nosotros usted

señor del capital

no puede crear riquezas.

Solo nosotros

al transformar la naturaleza

forjamos valor nuevo

que excede

¡usted lo sabe!

lo que necesitamos para vivir.

¡Ese excedente es el que usted se apropia

acumula

y le hace crecer el capital!

¡De ahí vienen

"sus" máquinas

"sus" medios de producción!

¡Y a nosotros

mientras caemos en el abismo de mayor miseria

nos hace creer que esa riqueza es suya!

¡Pero le romperemos el coguyo

hasta lastimar su orgullo
señor del capital!

Con nuestra plusvalía
usted automatiza la fábrica
despide a nuestros hermanos
¡y aumenta de nuevo el valor excedente!
Consciente está usted del daño a la humanidad.
Por eso se protege en su mansión
con control de acceso
soborna al gobierno
nos cierra las escuelas y las universidades
para sumirnos en la ignorancia
¡mas sus hijos se van a las metrópolis
a prepararse
para seguirnos explotando y gobernando!

¡No
señor del capital!
Escuche con temor fundado
la hermosa canción

"la ley nos burla el estado oprime…

no hay deberes

señor!"

Usted lo sabe

¡…le romperemos el coguyo

hasta lastimar su orgullo

señor del capital!

¡Qué le vamos a hacer

dice usted

señor del capital!

¡Es mal simulada su impuesta resignación!

¡Sí le vamos a hacer

es la guerra de clases

sí

señor del capital!

¡No estamos obligados a usted!

¡Le romperemos el coguyo

hasta lastimar su orgullo

señor del capital!

ángel m. agosto

¡Levantaremos

vallas y barricadas

en fábricas

escuelas

universidades

y barrios…!

Es para el férreo combate de las clases

los oprimidos unidos

vamos a la lucha sobre nuevas bases

en estrategia por nosotros mismos establecida.

¡No me diga usted

señor del capital

que no podemos hacer nada!

¡Que las leyes hemos de obedecer!

¡Nos llama usted a todos perecer!

No conoce la historia de los pueblos

señor del capital

¿No sabe usted

de las revoluciones obreras victoriosas?

Los trabajadores del mundo nos unimos

señor del capital

No reconocemos fronteras

No sabemos de obstáculos

Solo miramos al horizonte

siempre lejos

cada vez más cerca.

¡Avanzamos sin miedos

sin pausas

ni desvíos!

El jacho

es luz

abre el camino

siega el rumbo

traza el destino

¡y arma también

probada en la historia!

¡Cuántos cañaverales quemados!

¡Cuántos explotadores arruinados!

Sabemos de los sacrificios en nuestra marcha
¡mas el asalto al cielo es inevitable!
Nos preparamos
señor del capital
mientras sus días son cortos
como cortas sus esperanzas.

Construiremos
nuestros propios ejércitos
industrias
escuelas y universidades
¡calles nuevas para el tránsito al futuro!
Nos transformaremos a nosotros mismos.

Un partido único
partido de trabajadores y trabajadoras
asumirá nuestra dirección.

Emergeremos

como nuevas mujeres y hombres

de una sociedad nueva

sin explotados ni explotadores.

¡Le romperemos el coguyo

hasta lastimar su orgullo

señor del capital!

ángel m. agosto

Nota autobiográfica

El año electoral de 1964 despertó en mí un gran interés por la política en la búsqueda de cambios profundos hacia la redistribución de la riqueza en favor de los sectores oprimidos. Acudí ese año a varias actividades de distintos partidos de derecha, centro e izquierda. Llamó mi atención el fervoroso patriotismo de los líderes independentistas, por lo que escuché por primera vez el verbo puntual de don Gilberto Concepción de Gracias ese año de la víspera de mi ingreso a la Universidad de Puerto Rico.

Una nota de prensa captó mi atención: ***Es posible que el MPI llame a la huelga electoral***. "Esto es algo distinto", pensé de inmediato. Y acudí a aquella asamblea pionera y extraña del Movimiento Pro Independencia, que se apartaba de los estilos electorales de los demás partidos, no llamaban a votar por ningún candidato, llamaban precisamente a lo contrario, **a no votar** en las elecciones de 1964. A mis diecisiete años, ese fue mi primer contacto con el MPI.

No obstante, tardé más de un año en darle seguimiento a esas inquietudes. Entré en agosto de 1965 a la Universidad de Puerto Rico y ya en 1966 era militante de la FUPI, de la que llegué a ser Secretario de Organización, para muy pronto convertirme en organizador regional del MPI en la zona de Fajardo, región que incluía Vieques y Culebra, y los pueblos desde Ceiba a Carolina. Por eso la feliz coincidencia de mi presencia en la huelga de la General Eléctric de Palmer en 1969, que habría de ser un hito histórico y factor acelerador de la transformación del MPI en PSP.

Un año más tarde el compañero Juan Mari Brás acudiría a una reunión de la Misión del MPI en Carolina y en ese mismo lugar me planteó mi candidatura a una nueva Comisión Política nacional y mi eventual selección como Secretario de Asuntos Sindicales. Se había producido lo que él mismo llamó la "crisis de liderato" en el MPI (1970), que provocó la salida de la dirección de César Andreu Iglesias (a quien terminé sustituyendo), George Fromm y Norman Pietri, entre otros destacados líderes. El resto de esta historia, muy larga por cierto, la cuento a lo largo de las seiscientas páginas de *Lustro de gloria*.

Soy autor de los libros de cuento *El hombre del tiempo y otros cuentos*, *Rutina rota y otros entuertos*, *Horror blanco -acantilado profundo es el alma humana*, *Suceso y otros cuentos* y la novela de historia social *Voces de bronce*. También he publicado, además de *Lustro de gloria*, los libros *Intrigas desesperadas y otros corolarios*, *5 ensayos para épocas de revolución*, *El proceso político en Puerto Rico*, *Soy un millar de vientos*. Más recientemente publiqué *Teoría y revolución* y *Del MPI al PSP, el eslabón perdido*.

El presente libro, *Epopeya de la explotación y otras zarandajas,* arranca con un poema de contenido obrero que fuera adaptado para teatro por la dramaturga y actriz Dra. Anamín Santiago y contiene también varios ensayos políticos de actualidad.

PO Box 1393. Río Grande, Puerto Rico 00745
lustrodegloria@gmail.com
www.la-casaeditoradepuertorico.com

Títulos publicados:

El hombre del tiempo ángel m. agosto
Lustro de gloria ángel m. agosto
Intrigas desesperadas ángel m. agosto
Rutina rota ángel m. agosto
5 ensayos para épocas de revolución ángel m. agosto
Voces de bronce ángel m. agosto
Horror blanco ángel m. agosto
Relatos por voces diversas Cómplices en la palabra
Déjame decirte algo Cómplices en la palabra
El abraso (primera edición) Mary Ely Marrero-Pérez
En los límites Evaluz Rivera Hance
Lo que dice el corazón Evaluz Rivera Hance
Transversándome José Enrique García Oquendo
Emociones, versos y narrativa Grupo Cultural La Ceiba
El proceso político en Puerto Rico ángel m. agosto
ANA, auténtica forjadora de valor Ana Rivera
Angustia de amar Ana Rivera
Sindicalismo en tiempos borrascosos Radamés Acosta
Desde la sombra la luz William Morales Correa
Tinto de verano Anamín Santiago
Caroba Juan de Matta García
La brújula de los pájaros José Ernesto Delgado Carrasquillo
Esperaré en mi país invisible Mariela Cruz
Mancha de plátano Mariela Cruz

Loíza, desde El Ancón a tu Corazón Madreselvas de Puerto Rico

Los molinos de doña Elvira Luccía Reverón

Un vistazo a la tierra de los mil dioses Armando Casas Macías

Oscar hecho en poesía Poetas en Marcha

Soy un millar de vientos ángel m. agosto

25 de julio Roberto Tirado

Machu Picchu o los cisnes degollados Yván Silén

Sentimientos del alma Julio Núñez

El día nacional de la viudez Anamín Santiago

Cuentos de los taitas Norma Medina

Del MPI al PSP, el eslabón perdido ángel m. agosto

Suceso y otros cuentos ángel m. agosto

Mi vientre oscuro… era transparente como amapola azul Anamín Santiago

Epopeya de la explotación y otras zarandajas ángel m. agosto

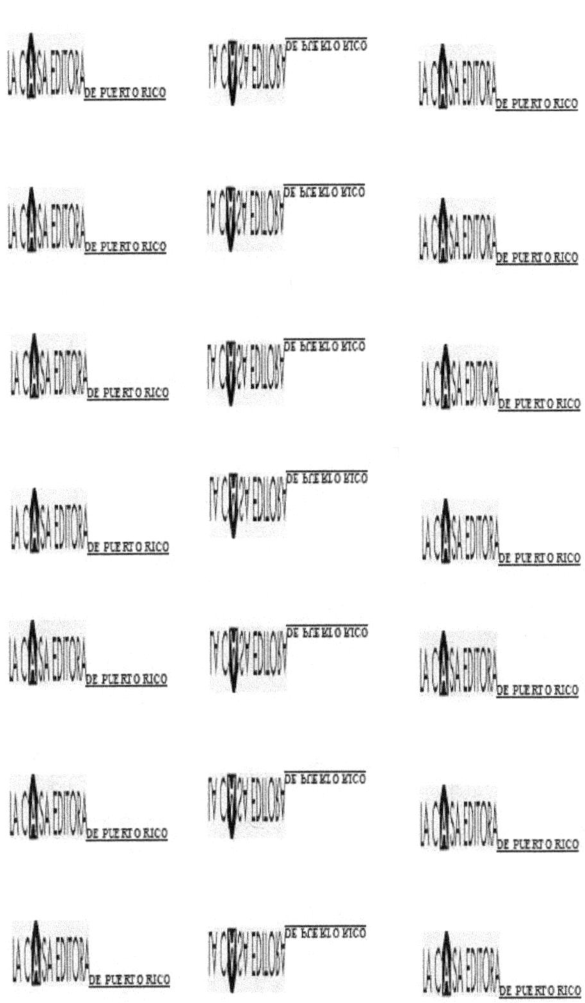

Epopeya de la explotación y otras zarandajas